AF205611

Impressum
Verlag: BABADADA GmbH, Nedderfeld 112 , 22529 Hamburg
Geschäftsführer / Verlagsleitung: Harald Hof
Druck: Books on Demand GmbH, In de Tarpen 42, 22848 Norderstedt

Imprint
Publisher: BABADADA GmbH, Nedderfeld 112 , 22529 Hamburg, Germany
Managing Director / Publishing direction: Harald Hof
Print: Books on Demand GmbH, In de Tarpen 42, 22848 Norderstedt

koulu

בית ספר

luokkahuone
כיתה
jakaa
חילק
186/2
taulu
לוח
koulunpiha
opettaja
מורה
paperi
נייר
kirjoittaa
כתב
kynä
עט
kirjoituspöytä
שולחן עבודה
viivoitin
סרגל
kirja
ספר
oppilas
תלמיד

reppu

ילקוט

penaali

קלמר

lyijykynä

עיפרון

kynänteroitin

מחדד

pyyhekumi

גומי מחיקה

piirustuslehtiö

חוברת סרטוט

piirustus

סרטוט

pensseli

מברשת

vesivärit

קופסת צבעים

sakset

מספריים

liima

דבק

harjoituskirja

ספר תרגול

kotitehtävä

שיעור בית

luku

מספר

2+2

lisätä

חיבר

vähentää

חיסר

2×2

kertoa

הכפיל

laskea

חישב

A

kirjain

אות

ABCDEFG
HIJKLMN
OPQRSTU
VWXYZ

aakkoset

אלפבית

sana

מילה

teksti

טקסט

lukea

קרא

liitu

גיר

oppitunti

שיעור

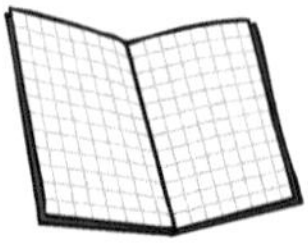

opettajan muistikirja

יומן נוכחות

koe

מבחן

todistus

תעודה

koulupuku

תלבושת בית ספר

koulutus

חינוך

sanakirja

אנציקלופדיה

yliopisto

אוניברסיטה

mikroskooppi

מיקרוסקופ

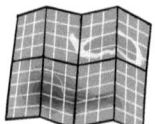

kartta

מפה

roskakori

סל נייר

hotelli
מלון
retkeilymaja
הוסטל
rahanvaihto
המרת מטבע
matkalaukku
מזוודה
auto
אוטו

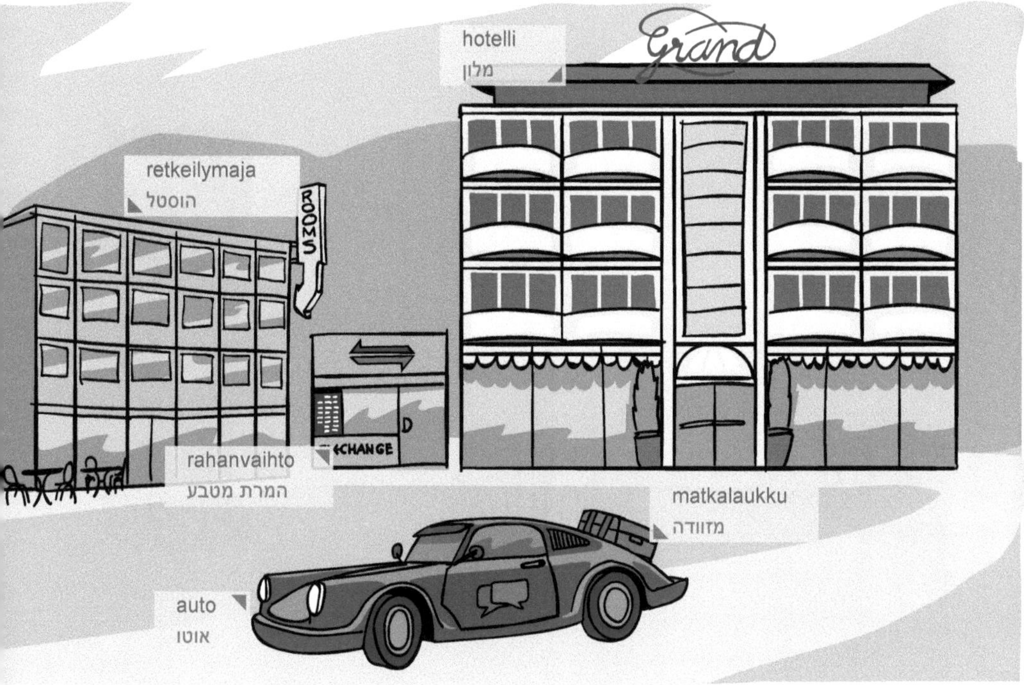

kieli

שפה

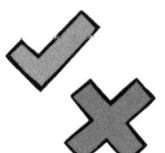

kyllä / ei

כן / לא

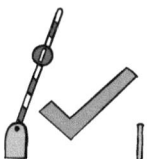

selvä

בסדר

hei

שלום

tulkki

מתרגם

kiitos

תודה

Paljonko...maksaa?

כמה עולה.....?

en ymmärrä

אני לא מבין

ongelma

בעיה

Hyvää iltaa!

ערב טוב!

Hyvää huomenta!

בוקר טוב!

Hyvää yötä!

לילה טוב!

näkemiin

להתראות

suunta

כיוון

matkatavarat

כבודה

laukku

תיק

reppu

תרמיל גב

vieras

אורח

huone

חדר

makuupussi

שק שינה

teltta

אוהל

turisti-info

מרכז מידע לתיירים

ranta

חוף ים

luottokortti

כרטיס אשראי

aamupala

ארוחת בוקר

lounas

ארוחת צהריים

päivällinen

ארוחת ערב

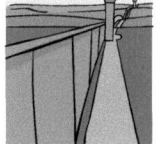

matkalippu

כרטיס

hissi

מעלית

postimerkki

בול

raja

גבול

tulli

מכס

suurlähetystö

שגרירות

viisumi

אשרה

passi

דרכון

kuljetus

תחבורה

lentokone
מטוס
laiva
אונייה
paloauto
כבאית
linja-auto
אוטובוס
kuorma-auto
משאית
moottorivene
סירת מנוע
polkupyörä
אופניים
auto
אוטו

lautta

מעבורת

vene

סירה

moottoripyörä

אופנוע

poliisiauto

ניידת משטרה

kilpa-auto

מכונית מרוץ

vuokra-auto

רכב שכור

car sharing

מכוניות בשיתוף

hinausauto

אוטו גרר

roska-auto

משאית זבל

moottori

מנוע

polttoaine

דלק

huoltoasema

תחנת דלק

liikennemerkki

תמרור

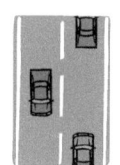

liikenne

תנועה

ruuhka

פקק תנועה

parkkipaikka

חניה

rautatieasema

תחנת רכבת

raiteet

פסי רכבת

juna

רכבת

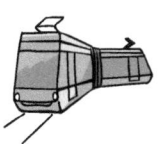

raitiovaunu

רכבת קלה

vaunu

קרון

helikopteri

מסוק

lentokenttä

שדה-תעופה

lähilennonjohto

מגדל

matkustaja

נוסע

kontti

קונטיינר

pahvilaatikko

קרטון

kärryt

עגלה

kori

סל

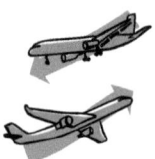

nousta / laskea

המראה / נחיתה

kaupunki

עיר

kylä

כפר

keskusta

מרכז העיר

talo

בית

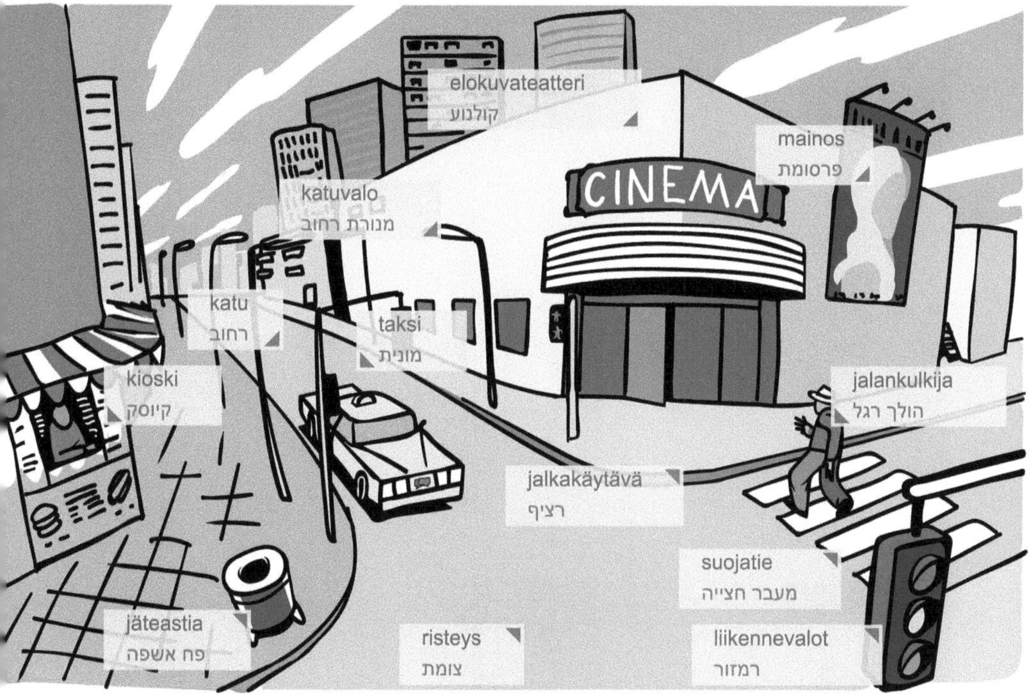

elokuvateatteri
קולנוע
mainos
פרסומת
katuvalo
מנורת רחוב
katu
רחוב
taksi
מונית
kioski
קיוסק
jalankulkija
הולך רגל
jalkakäytävä
רציף
suojatie
מעבר חצייה
jäteastia
פח אשפה
risteys
צומת
liikennevalot
רמזור

mökki

בקתה

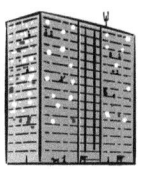

kerrostalo

דירה

rautatieasema

תחנת רכבת

kaupungintalo

עירייה

museo

מוזיאון

koulu

בית ספר

yliopisto

אוניברסיטה

pankki

בנק

sairaala

בית חולים

hotelli

מלון

apteekki

בית מרקחת

toimisto

משרד

kirjakauppa

חנות ספרים

liike

חנות

kukkakauppa

חנות פרחים

supermarketti

סופרמרקט

tori

שוק

tavaratalo

כל-בו

kalakauppias

מוכר דגים

ostoskeskus

קניון

satama

נמל

puisto

פארק

penkki

ספסל

silta

גשר

portaat

מדרגות

metro

רכבת תחתית

tunneli

מנהרה

linja-autopysäkki

תחנת אוטובוס

baari

בר

ravintola

מסעדה

postilaatikko

תא דואר

katukyltti

שלט רחוב

parkkimittari

מדחן

eläintarha

גן חיות

uimala

בריכת שחיה

moskeija

מסגד

maatila

חווה

ympäristön saastuminen

זיהום

hautausmaa

בית עלמין

kirkko

כנסייה

leikkikenttä

מגרש משחקים

temppeli

בית מקדש

maisema

נוף

lehti
עלה

tienviitta
תמרור

tie
דרך

niitty
מרעה

kivi
אבן

puu
עץ

retkeilijä
מטייל

joki
נהר

ruoho
דשא

kukka
פרח

laakso

בקעה

vuori

הר

järvi

אגם

metsä

יער

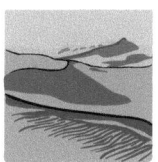

aavikko

מדבר

tulivuori

הר געש

linna

טירה

sateenkaari

קשת בענן

sieni

פטריה

palmu

דקל

hyttynen

יתוש

kärpänen

זבוב

muurahainen

נמלה

mehiläinen

דבורה

hämähäkki

עכביש

kovakuoriainen

חיפושית

sammakko

צפרדע

orava

סנאי

siili

קיפוד

jänis

ארנב

pöllö

ינשוף

lintu

ציפור

joutsen

ברבור

villisika

חזיר בר

peura

צבי

hirvi

אייל הקורא

pato

סכר

tuulimylly

טורבינת רוח

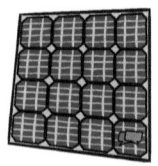

aurinkopaneeli

פנל סולארי

ilmasto

אקלים

ravintola
מסעדה

tarjoilija
מלצר
ruokalista
תפריט
tuoli
כסא
keitto
מרק
pitsa
פיצה
pöytäliina
מפת שולחן
ruokailuvälineet
סכו"ם

alkuruoka
מנת פתיחה

pääruoka
מנה עיקרית

jälkiruoka
קינוח

juomat
שתיות

ruoka
אוכל

pullo
בקבוק

pikaruoka

מזון מהיר

katuruoka

אוכל רחוב

teekannu

קנקן תה

sokeriastia

מסכרת

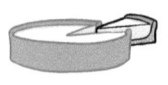

annos

מנה

espressokeitin

מכונת אספרסו

syöttötuoli

כסא תינוק

lasku

חשבון

tarjotin

מגש

veitsi

סכין

haarukka

מזלג

lusikka

כף

teelusikka

כפית

servietti

מפית

lasi

כוס

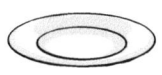

lautanen

צלחת

syvä lautanen

קערת מרק

aluslautanen

תחתית

kastike

רוטב

suolasirotin

מלחייה

pippurimylly

מטחנת פלפל

etikka

חומץ

öljy

שמן

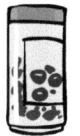

mausteet

תבלינים

ketsuppi

קטשופ

sinappi

חרדל

majoneesi

מיונז

supermarketti

סופרמרקט

tarjous
מבצע
asiakas
לקוח
maitotuotteet
מוצרי חלב
hedelmät
פירות
ostoskärryt
עגלת קניות

teurastamo

אטליז

leipomo

מאפייה

punnita

שקל

kasvikset

ירקות

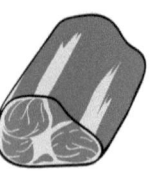

liha

בשר

pakasteet

מזון קפוא

leikkele

בשר קר

säilykkeet

שימורים

pesujauhe

אבקת כביסה

makeiset

ממתקים

kotitaloustarvikkeet

מוצרי בית

puhdistusaineet

חומר ניקוי

myyjä

מוכרת

kassa

קופה

kassanhoitaja

קופאי

ostoslista

רשימת קניות

aukioloajat

שעות פתיחה

lompakko

ארנק

luottokortti

כרטיס אשראי

kassi

תיק

muovipussi

שקית נילון

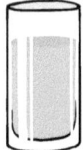

juomat

שתיות

vesi

מים

mehu

מיץ

maito

חלב

kokis

קולה

viini

יין

olut

בירה

alkoholi

אלכוהול

kaakao

קקאו

tee

תה

kahvi

קפה

espresso

אספרסו

cappuccino

קפוצ'ינו

banaani

בננה

omena

תפוח

appelsiini

תפוז

meloni

אבטיח

sitruuna

לימון

porkkana

גזר

valkosipuli

שום

bambu

במבוק

sipuli

בצל

sieni

פטריות

pähkinät

אגוזים

spagetti

אטריות

spagetti

ספגטי

riisi

אורז

salaatti

סלט

ranskalaiset

צ'יפס

paistetut perunat

צ'יפס

pitsa

פיצה

hampurilainen

המבורגר

voileipä

כריך

leike

שניצל

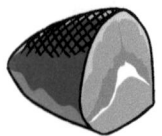

kinkku

שינקין

salami

סלאמי

makkara

נקניקיה

kana

עוף

paisti

טיגון

kala

דג

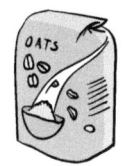

kaurahiutaleet

שיבולת שועל

mysli

מוזלי

murot

קורנפלקס

jauho

קמח

voisarvi

קרואסון

sämpylä

לחמנייה

leipä

לחם

paahtoleipä

טוסט

keksit

עוגיות

voi

חמאה

rahka

גבינה לבנה

kakku

עוגה

kananmuna

ביצה

paistettu kananmuna

ביצת עין

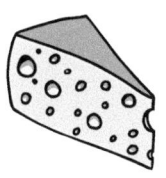

juusto

גבינה

jäätelö

גלידה

sokeri

סוכר

hunaja

דבש

hillo

ריבה

suklaapähkinälevite

ממרח נוגט

curry

קארי

maatila
חווה

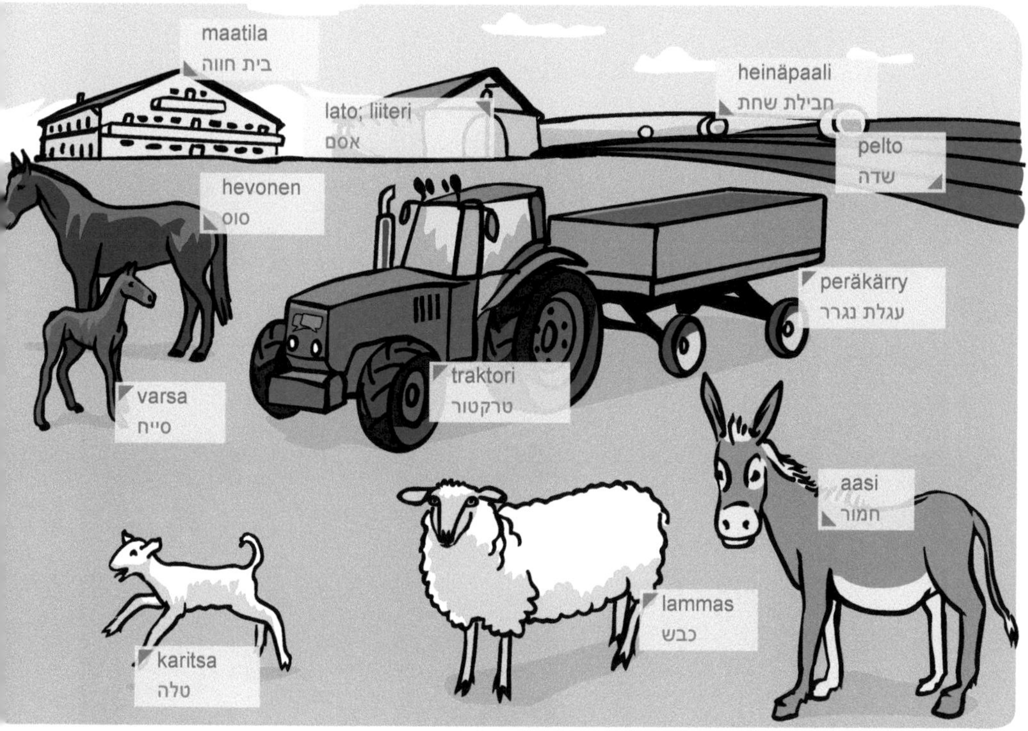
maatila
בית חווה
lato; liiteri
אסם
heinäpaali
חבילת שחת
pelto
שדה
hevonen
סוס
peräkärry
עגלת נגרר
traktori
טרקטור
varsa
סייח
aasi
חמור
lammas
כבש
karitsa
טלה

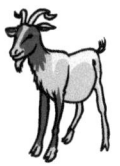

vuohi

....

עז

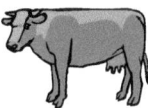

lehmä

....

פרה

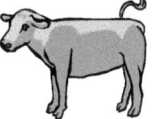

vasikka

....

עגל

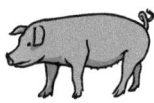

sika

....

חזיר

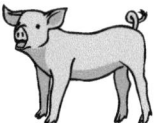

porsas

....

חזרזיר

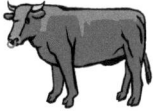

sonni

....

שור

hanhi

אווז

ankka

ברווז

tipu

אפרוח

kana

תרנגולת

kukko

תרנגול

rotta

חולדה

kissa

חתול

hiiri

עכבר

härkä

שור

koira

כלב

koirankoppi

מלונה

puutarhaletku

צינור השקיה

kastelukannu

קנקן מים

viikate

חרמש

aura

מחרשה

sirppi

מגל

kuokka

מגרפה

talikko

קלשון

kirves

גרזן

kottikärryt

מריצה

kaukalo

שוקת

maitokannu

כד חלב

säkki

שק

aita

גדר

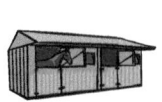

talli

אורווה

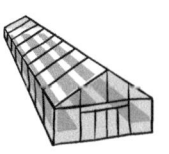

kasvihuone

חממה

maa

אדמה

siemen

זרע

lannoite

דשן

leikkuupuimuri

מקצרה

kerätä sato

קצר

sato

קציר

jamssit

בטטה אפריקנית

vehnä

חיטה

soija

סויה

peruna

תפוח אדמה

maissi

תירס

rypsi

קנולה

hedelmäpuu

עץ פירות

maniokki

קסבה

vilja

דגנים

talo
בית

savupiippu
ארובה
katto
גג
sadevesikouru
מרזב
ikkuna
חלון
autotalli
מוסך
ovikello
פעמון
ovi
דלת
roska-astia
פח אשפה
postilaatikko
תיבת מכתבים
puutarha
גינה

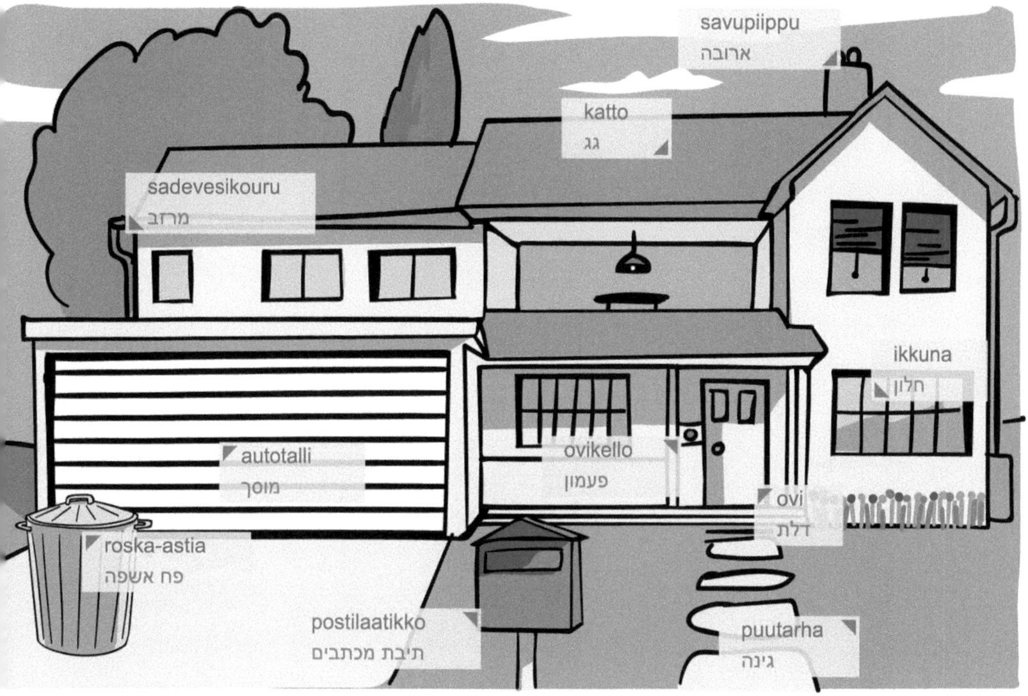

olohuone
סלון

kylpyhuone
חדר אמבטיה

keittiö
מטבח

makuuhuone
חדר שינה

lastenhuone
חדר ילדים

ruokahuone
חדר אוכל

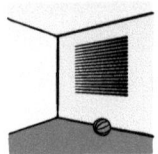

lattia

רצפה

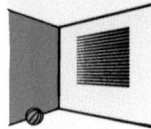

seinä

קיר

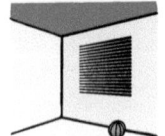

katto

תקרה

kellari

מרתף

sauna

סאונה

parveke

מרפסת

terassi

מרפסת

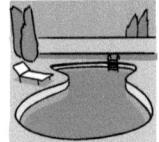

uima-allas

בריכה

ruohonleikkuri

מכסחת דשא

lakana

סדין

päiväpeitto

כיסוי מיטה

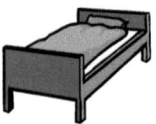

sänky

מיטה

harja

מטאטא

ämpäri

דלי

katkaisin

מפסק

olohuone
סלון

tapetti
טפט
kuva
תמונה
lamppu
מנורה
hylly
מדף
kaappi
ארון
televisio
טלוויזיה
takka
אח
kukka
פרח
tyyny
כרית
sohva
ספה
maljakko
אגרטל
kaukosäädin
שלט רחוק

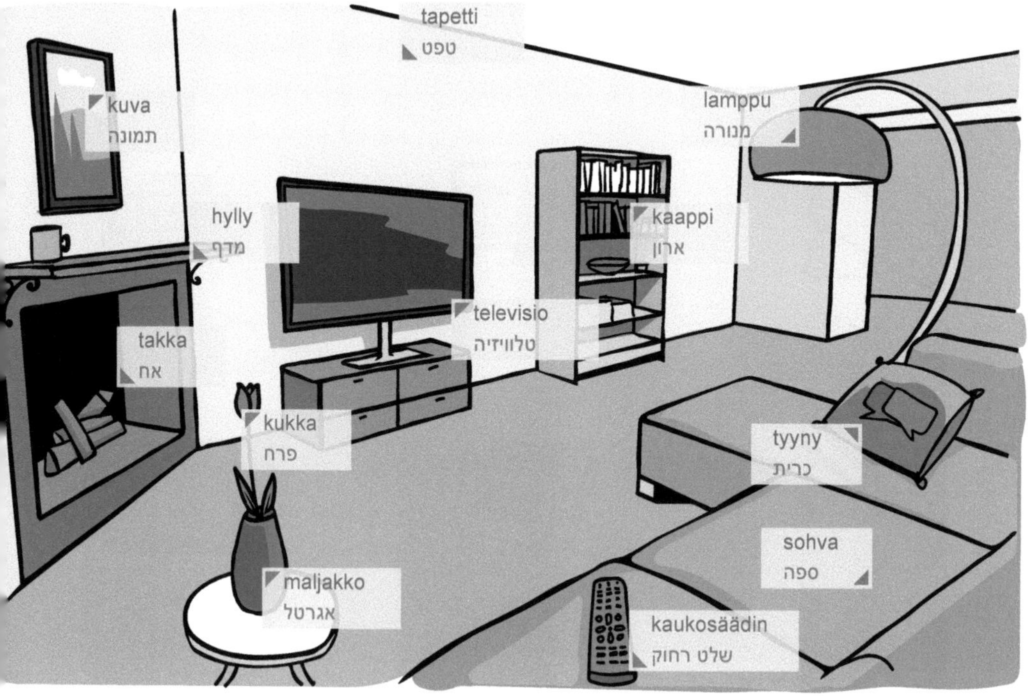

matto

שטיח

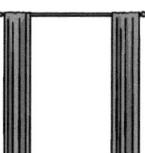

verho

וילון

pöytä

שולחן

tuoli

כסא

keinutuoli

כיסא נדנדה

nojatuoli

כורסה

kirja

ספר

peitto

שמיכה

koriste

דקורציה

polttopuut

עצי הסקה

elokuva

סרט

stereot

מערכת סטריאו

avain

מפתח

sanomalehti

עיתון

maalaus

ציור

juliste

פוסטר

radio

רדיו

muistivihko

מחברת

pölynimuri

שואב אבק

kaktus

קקטוס

kynttilä

נר

keittiö
מטבח

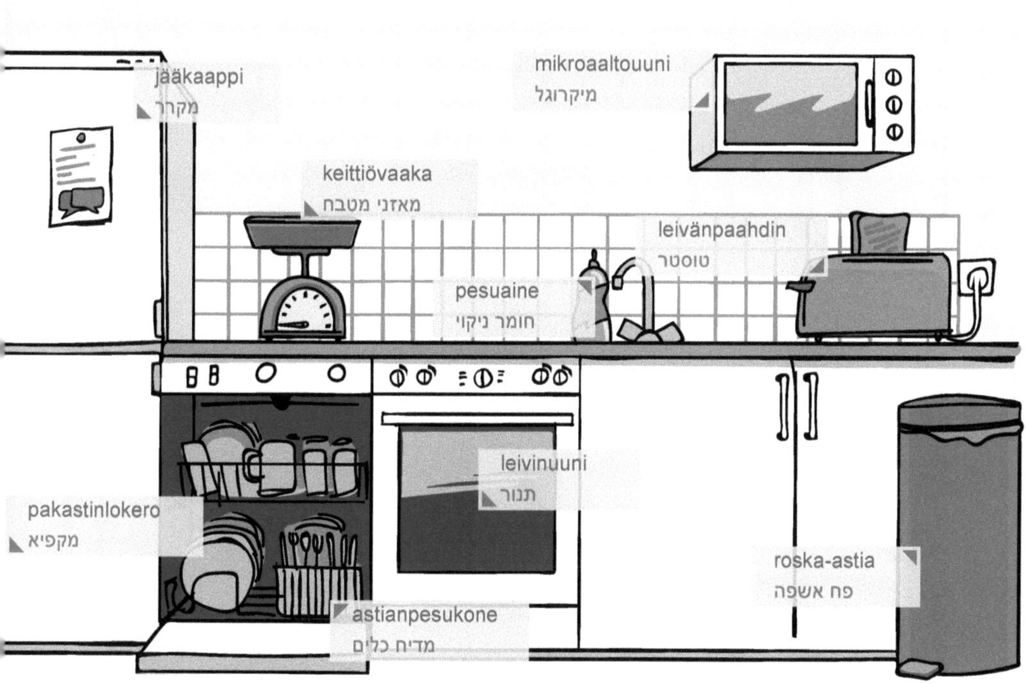

jääkaappi
מקרר
mikroaaltouuni
מיקרוגל
keittiövaaka
מאזני מטבח
leivänpaahdin
טוסטר
pesuaine
חומר ניקוי
leivinuuni
תנור
pakastinlokero
מקפיא
roska-astia
פח אשפה
astianpesukone
מדיח כלים

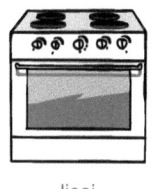

liesi
....
תנור

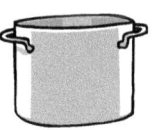

kattila
....
סיר

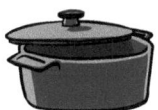

rautapata
....
סיר ברזל

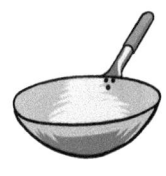

vokkipannu / kadai-pannu
....
ווק

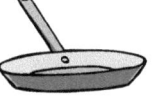

paistinpannu
....
מחבת

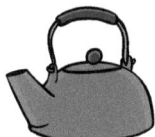

teepannu
....
קומקום חשמלי

höyrykeitin

מאדה

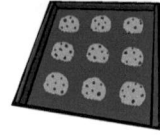

uunipelti

מגש אפייה

astiat

כלי אוכל

muki

ספל

kulho

קערה

syömäpuikot

צ'ופסטיקס

kauha

מצקת

paistinlasta

מרית

vispilä

מטרפה

siivilä

מסננת בישול

siivilä

מסננת

raastin

מגרדת

mortteli

מכתש

grilli

גריל

avotuli

מדורה

leikkuulauta

קרש חיתוך

kaulin

מערוך

korkinavaaja

פותחן פקקים

purkki

פחית

purkinavaaja

פותחן קופסאות

pannulappu

מטלית

lavuaari

כיור

tiskiharja

מברשת

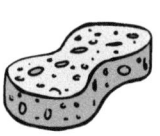

pesusieni

ספוג

tehosekoitin

בלנדר

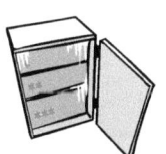

pakastin

מקפיא

tuttipullo

בקבוק לתינוק

vesihana

ברז

kylpyhuone

חדר אמבטיה

lämmitys
חימום
pyyhe
מגבת
suihku
מקלחת
suihkuverho
וילון מקלחת
vaahtokylpy
אמבטיית קצף
kylpyamme
אמבטיה
lasi
כוס
pesukone
מכונת כביסה
vesihana
ברז
kaakelit
אריחים
potta
סיר לילה
lavuaari
כיור

vessa
אסלה

kyykkyvessa
אסלת כריעה

bidee
בידה

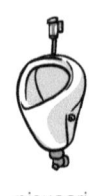

pisuaari
משתנה

vessapaperi
נייר טואלט

vessaharja
מברשת אסלה

hammasharja

מברשת שיניים

hammastahna

משחת שיניים

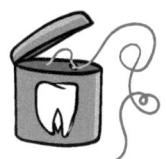

hammaslanka

חוט דנטלי

pestä

שטף

käsisuihku

מקלחת יד

intiimisuihku

צינור שטיפה לשירותים

pesuvati

קערת רחצה

selkäharja

מברשת גב

saippua

סבון

suihkugeeli

ג'ל רחצה

shampoo

שמפו

pesulappu

ליפה

viemäri

ניקוז

voide

קרם

deodorantti

דיאודורנט

peili

מראה

käsipeili

מראת יד

partaveitsi

סכין גילוח

partavaahto

קצף גילוח

partavesi

אפטרשייב

kampa

מסרק

harja

מברשת

hiustenkuivaaja

מייבש שיעור

hiuslakka

ספריי לשיער

meikki

איפור

huulipuna

שפתון

kynsilakka

לק

pumpuli

צמר גפן

kynsisakset

מספריים לציפורניים

hajuvesi

בושם

kosmetiikkalaukku

תיק כלי רחצה

jakkara

שרפרף

vaaka

משקל

kylpytakki

חלוק רחצה

kumihansikkaat

כפפות גומי

tamponi

טמפון

terveysside

תחבושת סניטרית

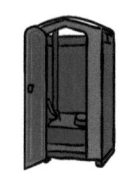

kemiallinen wc

שירותים כימיקליים

lastenhuone

חדר ילדים

herätyskello
שעון מעורר
pehmolelu
צעצוע חיבוק
leikkiauto
מכונית צעצוע
helistin
רעשן
nukkekoti
בית בובות
lahja
מתנה

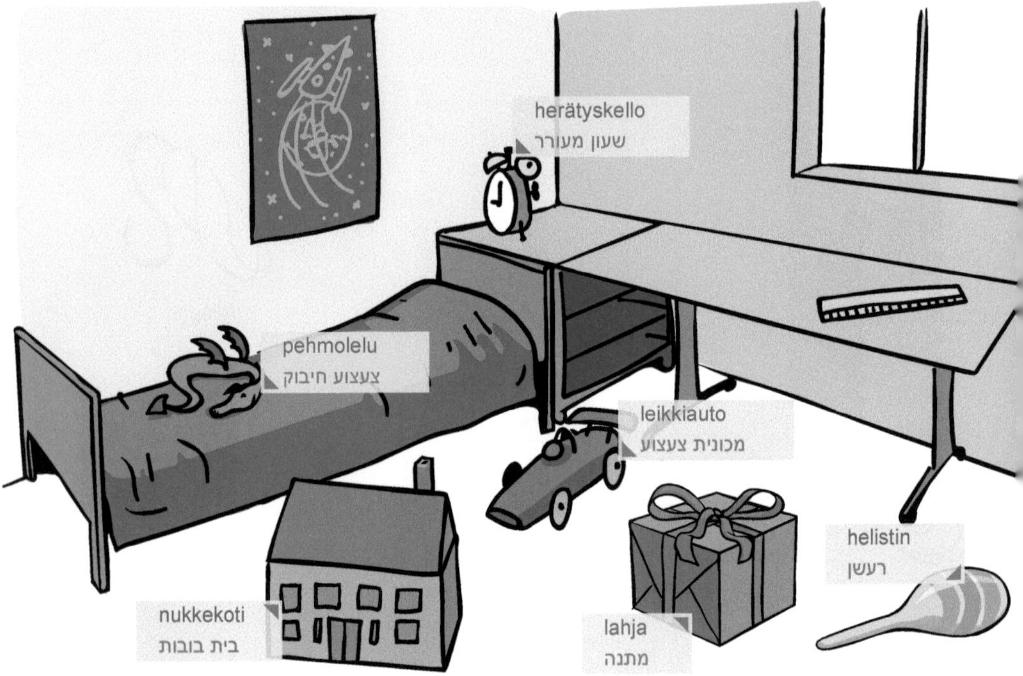

ilmapallo

בלון

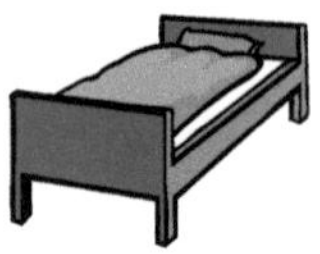

sänky

מיטה

lastenvaunut

עגלה

korttipeli

משחק קלפים

palapeli

פאזל

sarjakuva

קומיקס

legopalikat

לגו

rakennuspalikat

קוביות משחק

supersankari

דמות משחק

potkupuku

סרבל תינוקות

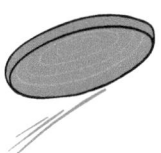

frisbee

פריזבי

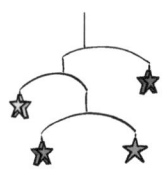

mobile

נייד

lautapeli

משחק לוח

noppa

קוביה

pienoisjunarata

רכבת צעצוע

tutti

מוצץ

juhlat

מסיבה

kuvakirja

אלבום תמונות

pallo

כדור

nukke

בובה

leikkiä

שיחק

hiekkalaatikko

ארגז חול

keinu

נדנדה

lelut

צעצועים

pelikonsoli

קונסולת משחקים

kolmipyörä

אופניים תלת גלגלי

nalle

דובון

vaatekaappi

ארון בגדים

vaatteet

בגדים

sukat

גרביים

nylonsukat

גרביונים

sukkahousut

גרביון

kaulaliina
צעיף

vyö
חגורה

sateenvarjo
מטריה

t-paita
חולצת טי

lenkkarit
נעלי ספורט

saappaat
מגפיים

sisätossut
נעלי בית

sandaalit
סנדלים

kengät
נעליים

kumlsaappaat
מגפי גומי

alushousut
תחתונים

rintaliivit
חזייה

aluspaita
וסט

body

גוף

housut

מכנסיים

farkut

ג'ינס

hame

חצאית

pusero

חולצה מכופתרת

paita

חולצה

villapaita

אפודה

collegepaita

סווצ'ר עם קפוצ'ון

jakku

בלייזר

takki

ז'קט

takki

מעיל

sadetakki

מעיל גשם

puku

תלבושת

mekko

שמלה

hääpuku

שמלת כלה

puku

חליפה

yöpaita

כותונת לילה

pyjama

פיג'מה

shari

סארי

päähuivi

מטפחת ראש

turbaani

טורבן

burka

בורקה

kaftaani

קאפטן

abaya

עבאיה

uimapuku

בגד ים

uimahousut

בגד ים

shortsit

מכנסיים קצרים

verkkarit

בגד אימון

esiliina

סינר

käsineet

כפפות

nappi

כפתור

silmälasit

משקפיים

rannekoru

צמיד יד

kaulakoru

שרשרת

sormus

טבעת

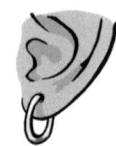

korvakoru

עגיל

lippalakki

כובע

ripustin

קולב

hattu

כובע

solmio

עניבה

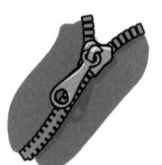

vetoketju

רוכסן

kypärä

קסדה

henkselit

כתפיות

koulupuku

תלבושת בית ספר

univormu

מדים

ruokalappu

מפית אוכל

tutti

מוצץ

vaippa

חיתול

toimisto

משרד

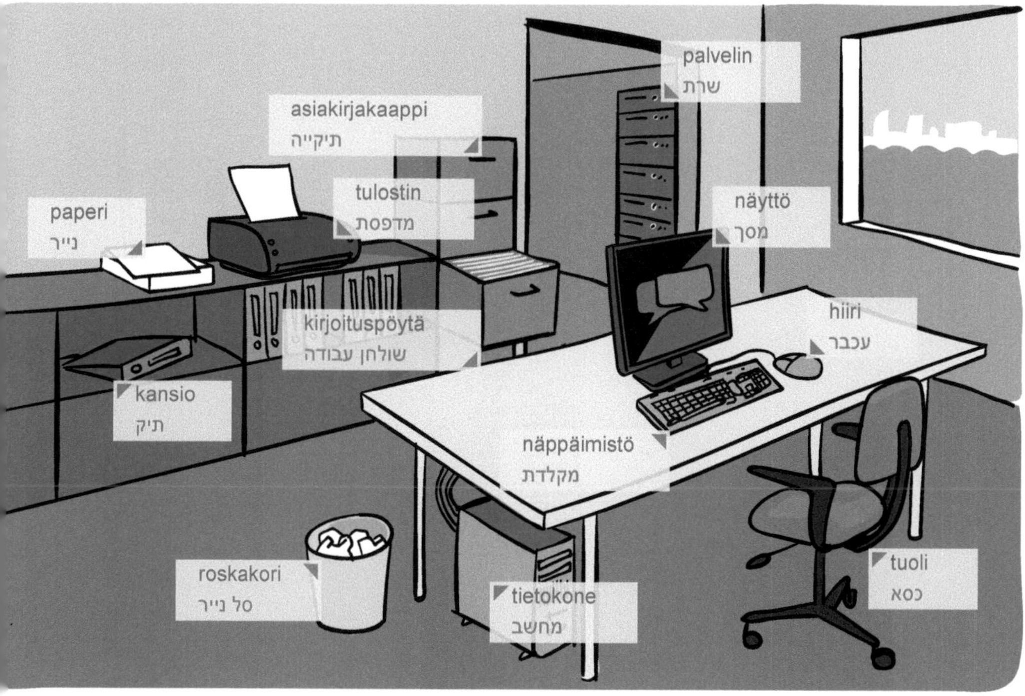

palvelin
שרת

asiakirjakaappi
תיקייה

tulostin
מדפסת

näyttö
מסך

paperi
נייר

kirjoituspöytä
שולחן עבודה

hiiri
עכבר

kansio
תיק

näppäimistö
מקלדת

roskakori
סל נייר

tietokone
מחשב

tuoli
כסא

kahvimuki

ספל קפה

taskulaskin

מחשבון

internet

אינטרנט

kannettava tietokone

מחשב נייד

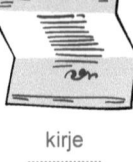

kirje

מכתב

viesti

הודעה

kännykkä

נייד

verkko

רשת

kopiokone

מכונת צילום

ohjelmisto

תוכנה

puhelin

טלפון

pistorasia

שקע

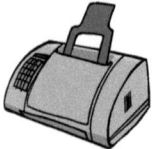

faksi

פקס

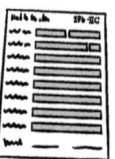

lomake

טופס

asiakirja

מסמך

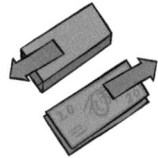

ostaa

קנה

maksaa

שילם

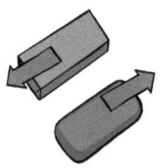

vaihtaa

סחר

raha

כסף

dollari

דולר

euro

יורו

jeni

ין

rupla

רובל

frangi

פרנק שווייצרי

renminbi juan

יואן רנמינבי

rupia

רופי

pankkiautomaatti

כספומט

rahanvaihto

המרת מטבע

kulta

זהב

hopea

כסף

öljy

נפט

energia

אנרגיה

hinta

מחיר

sopimus

חוזה

vero

מס

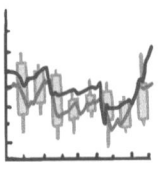

osake

מנייה

työskennellä

עבד

työntekijä

עובד

työnantaja

מעסיק

tehdas

מפעל

liike

חנות

ammatit
מקצועות

palomies
כבאי
poliisi
שוטר
kokki
טבח
lääkäri
רופא
lentäjä
טייס

puutarhuri

גנן

puuseppä

נגר

ompelija

תופרת

tuomari

שופט

kemisti

כימאי

näyttelijä

שחקן

linja-autonkuljettaja

נהג אוטובוס

taksinkuljettaja

נהג מונית

kalastaja

דייג

siivooja

עובדת נקיון

katontekijä

מתקן גגות

tarjoilija

מלצר

metsästäjä

צייד

maalari

צייר

leipuri

אופה

sähköasentaja

חשמלאי

rakentaja

עובד בניין

insinööri

מהנדס

teurastaja

קצב

putkiasentaja

אינסטלטור

postinjakaja

דוור

sotilas

חייל

arkkitehti

אדריכל

kassanhoitaja

קופאי

floristi

מוכר פרחים

kampaaja

ספר

konduktööri

כרטיסן

mekaanikko

מכונאי

kapteeni

קברניט

hammaslääkäri

רופא שיניים

tiedemies

מדען

rabbi

רב

imaami

אימאם

munkki

נזיר

pappi

כומר

työkalut
כלי עבודה

vasara
פטיש
pihdit
צבת
ruuvimeisseli
מברג
jakoavain
מפתח ברגים
taskulamppu
פנס

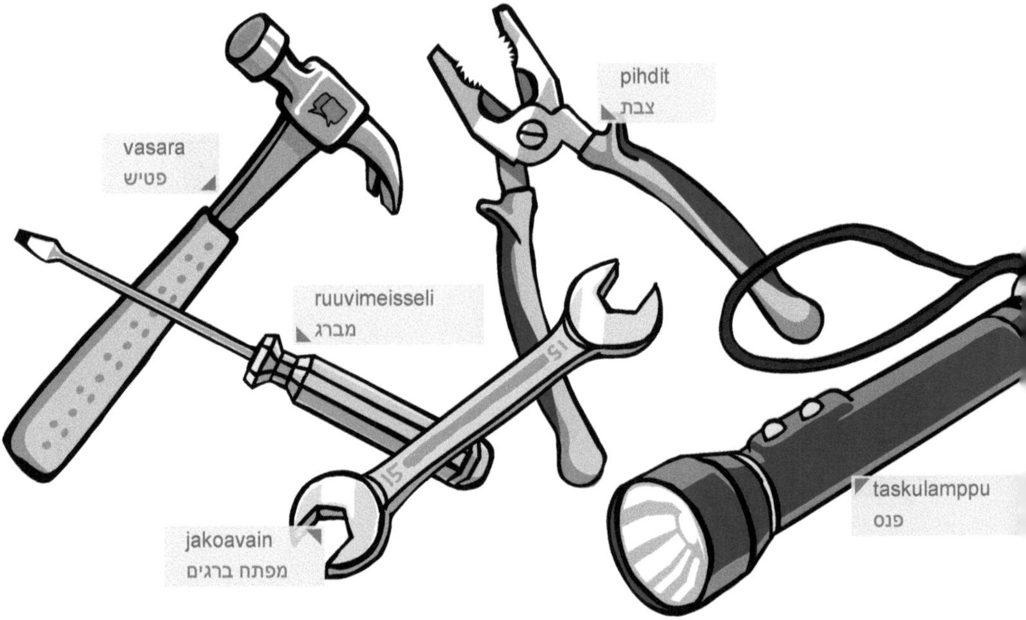

kaivinkone

דחפור

työkalupakki

ארגז כלים

tikkaat

סולם

saha

מסור

naulat

מסמרים

pora

מקדחה

korjata

תיקן

lapio

את חפירה

Hitto!

!לעזאזל

rikkalapio

יעה

maalipurkki

פח צבע

ruuvit

ברגים

soittimet

כלי נגינה

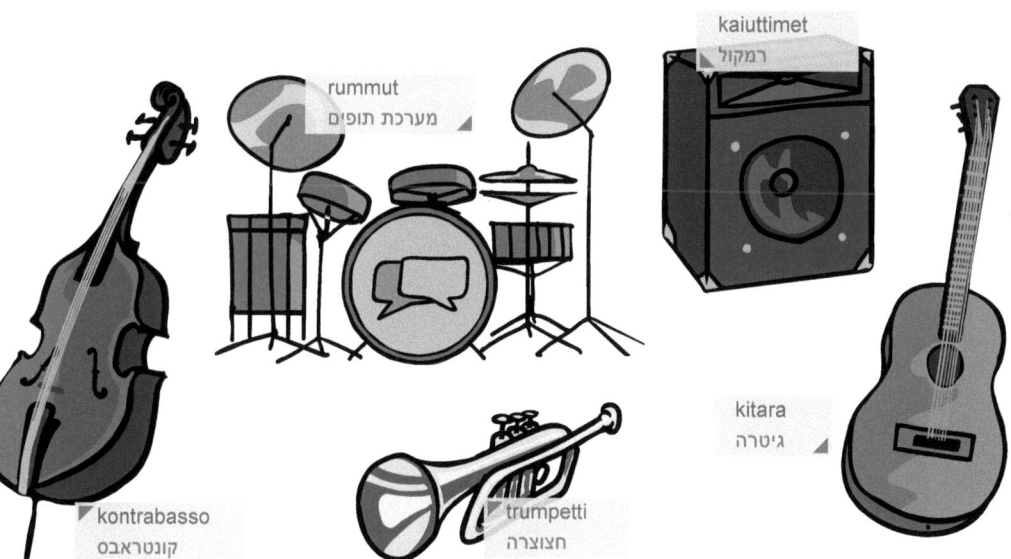

kaiuttimet
רמקול
rummut
מערכת תופים
kitara
גיטרה
kontrabasso
קונטראבס
trumpetti
חצוצרה

piano

פסנתר

viulu

כינור

basso

בס

patarummut

תוף הדוד

rumpu

תופים

kosketinsoitin

מקלדת פסנתר

saksofoni

סקסופון

huilu

חליל

mikrofoni

מיקרופון

eläintarha

גן חיות

sisäänkäynti
כניסה
tiikeri
נמר
häkki
כלוב
seepra
זברה
eläinten ruoka
מזון לחיות
panda
פנדה

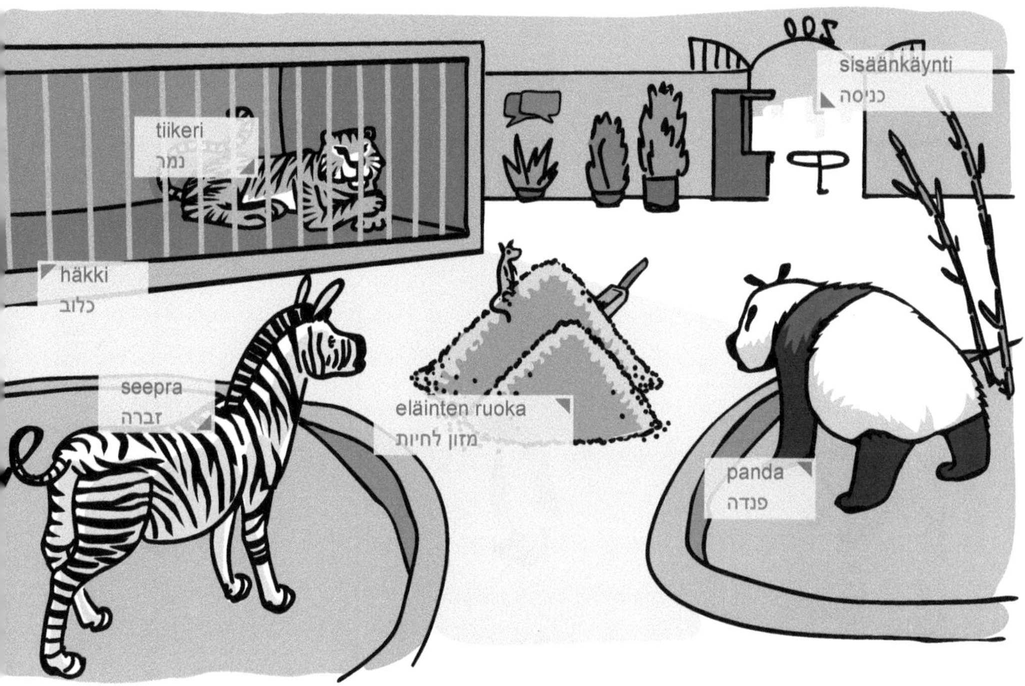

eläimet

בעלי חיים

norsu

פיל

kenguru

קנגרו

sarvikuono

קרנף

gorilla

גורילה

karhu

דוב

kameli

גמל

strutsi

יען

leijona

אריה

apina

קוף

flamingo

פלמינגו

papukaija

תוכי

jääkarhu

דוב הקרח

pingviini

פינגווין

hai

כריש

riikinkukko

טווס

käärme

נחש

krokotiili

תנין

eläintarhanhoitaja

שומר גן החיות

hylje

כלב ים

jaguaari

יגואר

poni

סוס פוני

leopardi

לאופרד

virtahepo

היפופוטאם

kirahvi

ג'ירפה

kotka

נשר

villisika

חזיר בר

kala

דג

kilpikonna

צב

mursu

סוס ים

kettu

שועל

gaselli

איילה

urheilu
ספורט

amerikkalainen jalkapallo
פוטבול אמריקאי

pyöräily
רכיבת אופניים

tennis
טניס

koripallo
כדורסל

uinti
שחיה

nyrkkeily
אגרוף

jääkiekko
הוקי

jalkapallo
כדורגל

sulkapallo
בדמינטון

yleisurheilu
אתלטיקה

käsipallo
כדור-יד

hiihto
עשה סקי

poolo
פולו

62   urheilu - ספורט

aktiviteetit

פעילויות

nauraa
צחק
hypätä
קפץ
halata
חיבק
kävellä
הלך
laulaa
שר
unelmoida
חלם
rukoilla
התפלל
suudella
נשק

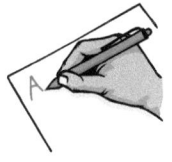

kirjoittaa
כתב

piirtää
צייר

näyttää
הראה

painaa
דחף

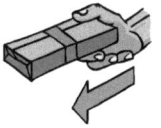

antaa
נתן

ottaa
לקח

omistaa

יש / להיות הבעלים

tehdä

עשה

olla

היה

seisoa

עמד

juosta

רץ

vetää

משך

heittää

זרק

kaatua

נפל

maata

שכב

odottaa

חיכה

kantaa

סחב

istua

ישב

pukeutua

התלבש

nukkua

ישן

herätä

התעורר

katsoa

הסתכל ב-

itkeä

בכה

silittää

ליטף

kammata

סירק

puhua

דיבר

ymmärtää

הבין

kysyä

שאל

kuunnella

שמע

juoda

שתה

syödä

אכל

siivota

סידר

rakastaa

אהב

keittää

בישל

ajaa

נהג

lentää

עף

purjehtia

....

שט

laskea

....

חישב

lukea

....

קרא

oppia

....

למד

työskennellä

....

עבד

mennä naimisiin

....

התחתן

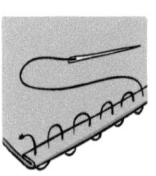

ommella

....

תפר

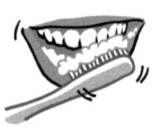

pestä hampaat

....

ציחצח שיניים

tappaa

....

הרג

tupakoida

....

עישן

lähettää

....

שלח

perhe
משפחה

mummo
סבתא
ukki
סבא
isä
אבא
äiti
אימא
vauva
תינוק
tytär
בת
poika
בן

vieras

אורח

täti

דודה

setä

דוד

veli

אח

sisko

אחות

vartalo

גוף

otsa
מצח
silmä
עין
olkapää
כתף
sormet
אצבע
kasvot
פנים
leuka
סנטר
käsi
כף יד
jalka
רגל
rinta
חזה
käsivarsi
זרוע

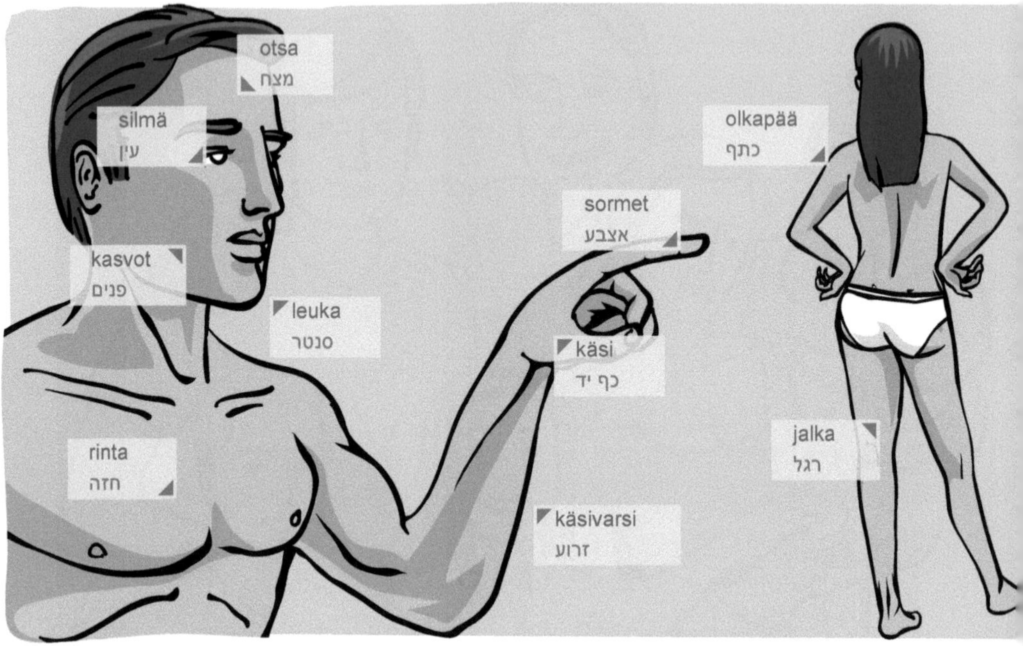

vauva

תינוק

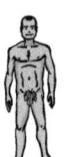

mies

איש

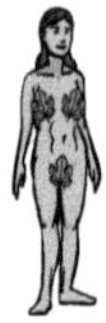

nainen

אישה

tyttö

ילדה

poika

ילד

pää

ראש

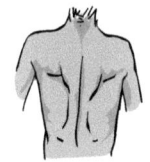

selkä

גב

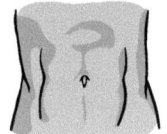

maha

בטן

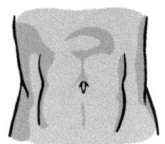

napa

טבור

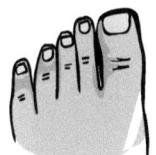

varvas

אצבע

kantapää

עקב

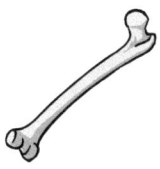

luu

עצם

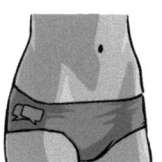

lantio

ירך

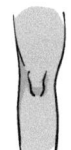

polvi

ברך

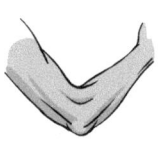

kyynärpää

מרפק

nenä

אף

takapuoli

עכוז

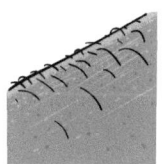

iho

עור

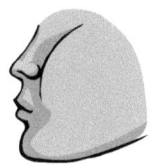

poski

לחי

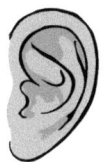

korva

אוזן

huuli

שפתיים

suu

פה

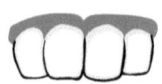

hammas

שן

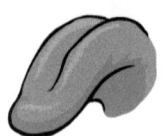

kieli

לשון

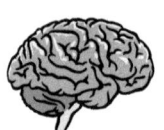

aivot

מוח

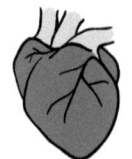

sydän

לב

lihas

שריר

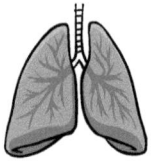

keuhkot

ריאה

maksa

כבד

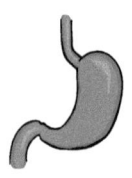

vatsa

קיבה

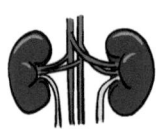

munuaiset

כליות

seksi

מין

kondomi

קונדום

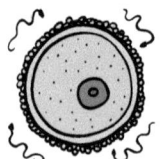

munasolu

ביצית

sperma

זרע

raskaus

הריון

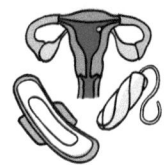

kuukautiset

ווסת

vagina

נרתיק

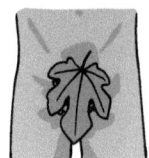

penis

פין

kulmakarvat

גבה

hiukset

שיער

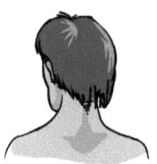

niska

צוואר

sairaala

בית חולים

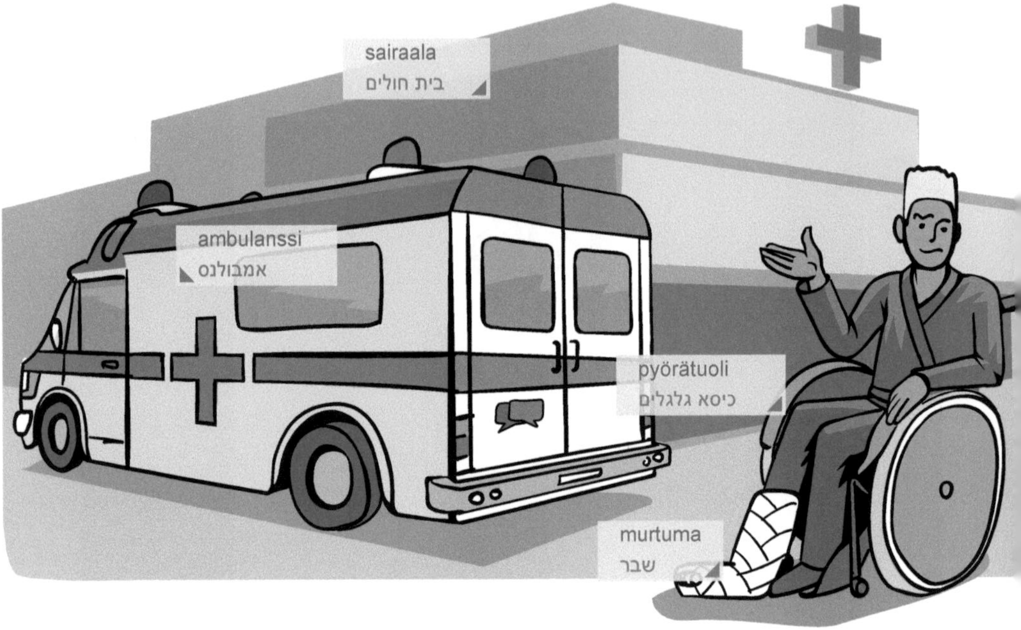

sairaala
בית חולים
ambulanssi
אמבולנס
pyörätuoli
כיסא גלגלים
murtuma
שבר

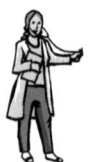

lääkäri

רופא

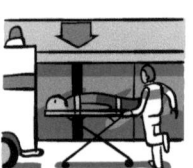

ensiapu

חדר מיון

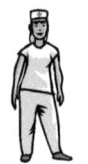

sairaanhoitaja

אחות

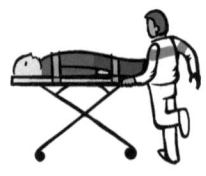

hätätilanne

חירום

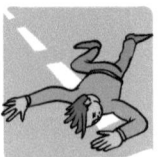

tajuton

חסר הכרה

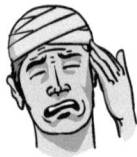

kipu

כאב

vamma

פציעה

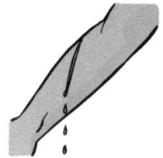

verenvuoto

דימום

sydänkohtaus

התקף לב

aivoinfarkti

שבץ

allergia

אלרגיה

yskä

שיעול

kuume

חום

flunssa

שפעת

ripuli

שלשול

päänsärky

כאב ראש

syöpä

סרטן

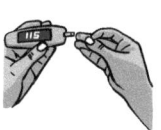

diabetes

סוכרת

kirurgi

מנתח

veitsi

אזמל

leikkaus

ניתוח

ct

סי-טי

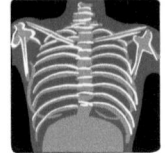

röntgen

רנטגן

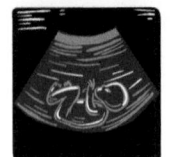

ultraääni

אולטרסאונד

maski

מסיכת פנים

sairaus

מחלה

odotushuone

חדר המתנה

sauva

קבה

laastari

פלסטר

side

תחבושת

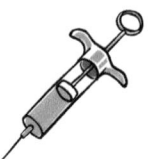

pistos

זריקה

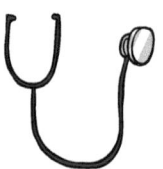

stetoskooppi

סטטוסקופ

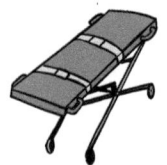

paarit

אלונקה

kuumemittari

מד חום

syntymä

לידה

ylipaino

עודף משקל

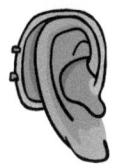

kuulolaite

מכשיר שמיעה

desinfiointiaine

מחטא

infektio

זיהום

virus

נגיף

HIV / AIDS

איידס

lääke

תרופה

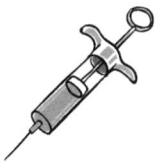

rokotus

חיסון

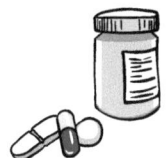

tabletit

טבליות

pilleri

גלולה

hätäpuhelu

קריאת חירום

verenpainemittari

מד לחץ דם

sairas / terve

חולה / בריא

hätätilanne

חירום

Apua!

!הצילו

hälytys

אזעקה

ryöstö

פשיטה

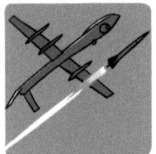

hyökkäys

תקיפה

vaara

סכנה

hätäuloskäynti

יציאת חירום

Tulipalo!

!אש

palosammutin

מטף כיבוי

onnettomuus

תאונה

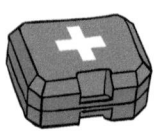

ensiapulaukku

ערכת עזרה ראשונה

SOS

!הצילו

poliisilaitos

משטרה

Eurooppa

אירופה

Pohjois-Amerikka

צפון אמריקה

Etelä-Amerikka

דרום אמריקה

Afrikka

אפריקה

Aasia

אסיה

Australia

אוסטרליה

Atlantin valtameri

האוקיינוס האטלנטי

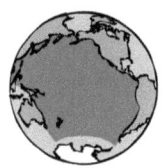

Tyynimeri

האוקיינוס השקט

Intian valtameri

האוקיינוס ההודי

Eteläinen jäämeri

האוקיינוס האנטרקטי

Pohjoinen jäämeri

האוקיינוס הארקטי

pohjoisnapa

הקוטב הצפוני

etelänapa

הקוטב הדרומי

Antarktis

אנטארקטיקה

maa

כדור הארץ

maa

אדמה

meri

ים

saari

אי

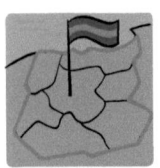

kansa

לאום

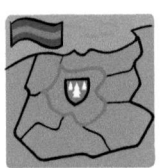

osavaltio

מדינה

kello
שעון

kellotaulu

פני השעון

tuntiviisari

מחוג השעות

minuuttiviisari

מחוג הדקות

sekuntiviisari

מחוג השניות

Paljonko kello on?

?מה השעה

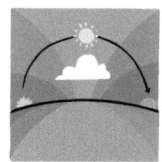

päivä

יום

aika

זמן

nyt

עכשיו

digitaalikello

שעון דיגיטלי

minuutti

דקה

tunti

שעה

viikko

שבוע

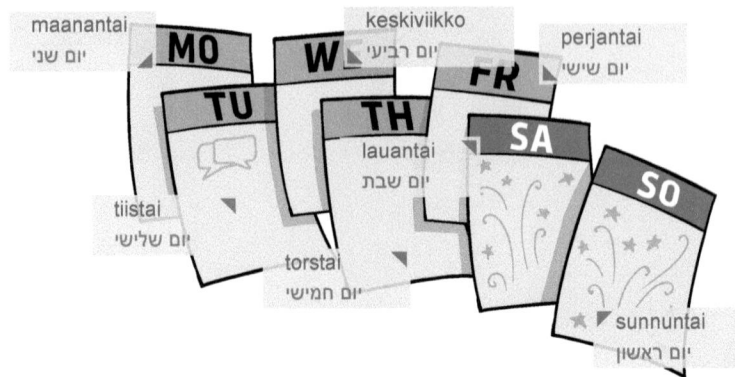

maanantai יום שני
keskiviikko יום רביעי
perjantai יום שישי
tiistai יום שלישי
lauantai יום שבת
torstai יום חמישי
sunnuntai יום ראשון

eilen
אתמול

tänään
היום

huomenna
מחר

aamu
בוקר

keskipäivä
צהריים

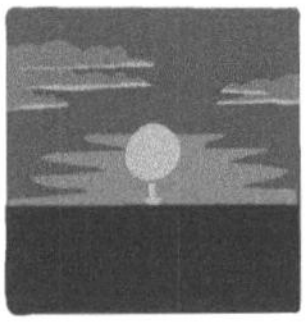

ilta
ערב

työpäivät
ימי עבודה

viikonloppu
סוף שבוע

vuosi

שנה

sade
גשם
sateenkaari
קשת בענן
lumi
שלג
tuuli
רוח
kevät
אביב
kesä
קיץ
syksy
סתיו
talvi
חורף

4.APRIL 11°
5.APRIL 4°
6.APRIL 13°
7.APRIL 8°
8.APRIL 10°

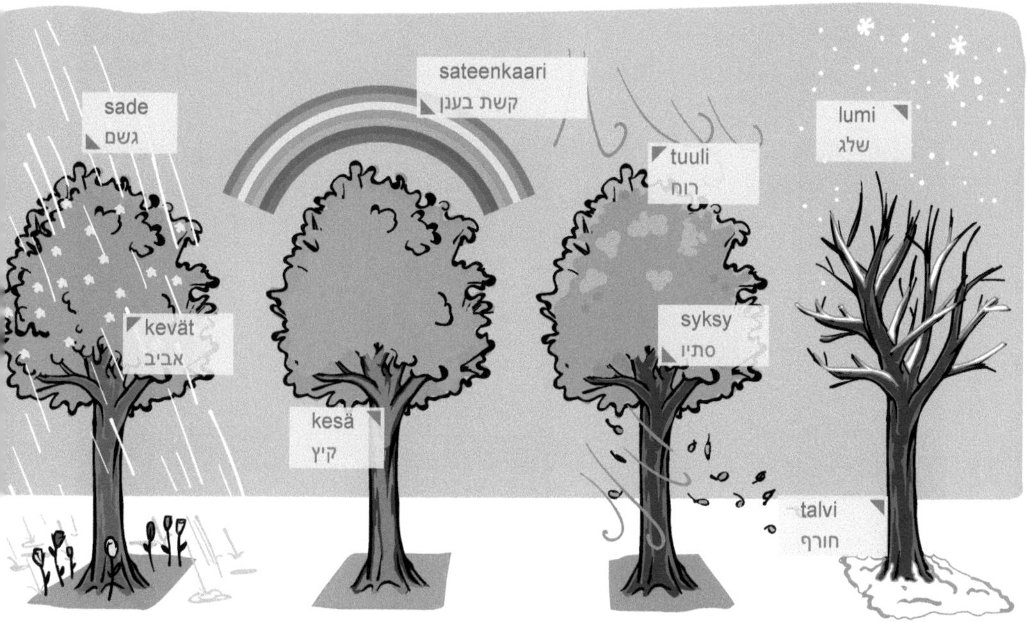

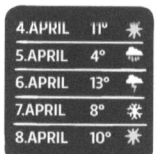

sääennuste

תחזית מזג האוויר

F C
120 40
90 30
60 20
30 10
0 0
-30 -10
-20

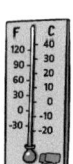

lämpömittari

מד חום

auringonpaiste

אור שמש

pilvi

ענן

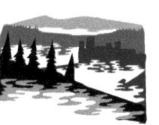

sumu

ערפל

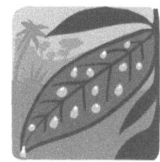

ilmankosteus

לחות

salama

ברק

ukkonen

רעם

myrsky

סערה

rae

ברד

monsuuni

רוח עונתי

tulva

שיטפון

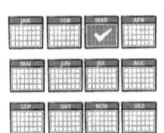

jää

קרח

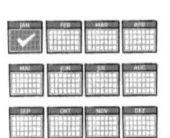

tammikuu

ינואר

helmikuu

פברואר

maaliskuu

מרץ

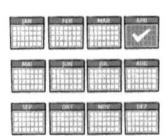

huhtikuu

אפריל

toukokuu

מאי

kesäkuu

יוני

heinäkuu

יולי

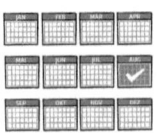

elokuu

אוגוסט

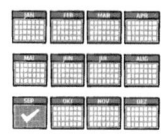

syyskuu

ספטמבר

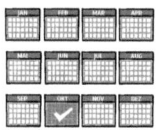

lokakuu

אוקטובר

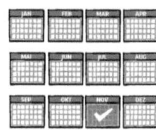

marraskuu

נובמבר

joulukuu

דצמבר

muodot

צורות

ympyrä

עיגול

neliö

מרובע

suorakulmio

מלבן

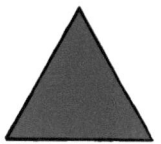

kolmio

משולש

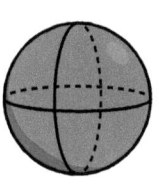

pallo

כדור

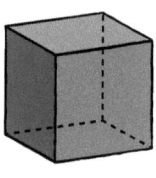

kuutio

קובייה

värit

צבעים

valkoinen

לבן

keltainen

צהוב

oranssi

כתום

vaaleanpunainen

ורוד

punainen

אדום

violetti

סגול

sininen

כחול

vihreä

ירוק

ruskea

חום

harmaa

אפור

musta

שחור

vastakohdat

הפכים

paljon / vähän

הרבה / מעט

vihainen / ystävällinen

כועס / רגוע

kaunis / ruma

יפה / מכוער

alku / loppu

התחלה / סוף

suuri / pieni

גדול / קטן

vaalea / tumma

בהיר / כהה

veli / sisko

אח / אחות

puhdas / likainen

נקי / מלוכלך

täydellinen / epätäydellinen

שלם / חלקי

päivä / yö

יום/ לילה

kuollut / elävä

מת / חי

leveä / kapea

רחב / צר

syötävä / syömäkelvoton

אכיל / לא אכיל

paha / kiltti

רשע / טוב לב

innostunut / tylsistynyt

מתרגש / משועמם

lihava / laiha

שמן / רזה

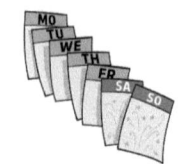

ensimmäinen / viimeinen

ראשון / אחרון

ystävä / vihollinen

חבר / אויב

täysi / tyhjä

מלא / ריק

kova / pehmeä

קשה / רך

painava / kevyt

כבד / קל

nälkä / jano

רעב / צמא

sairas / terve

חולה / בריא

laiton / laillinen

בלתי-חוקי / חוקי

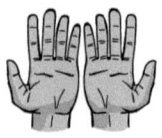

älykäs / tyhmä

נבון / טיפש

vasen / oikea

שמאל / ימין

lähellä / kaukana

קרוב / רחוק

uusi / käytetty

חדש / משומש

ei mitään / jotain

כלום / משהו

vanha / nuori

זקן / צעיר

päällä / pois päältä

פעיל / כבוי

auki / kiinni

פתוח / סגור

hiljainen / äänekäs

שקט / רועש

rikas / köyhä

עשיר / עני

oikein / väärin

נכון / שגוי

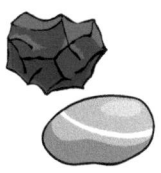

karhea / sileä

מחוספס / חלק

surullinen / iloinen

עצוב / שמח

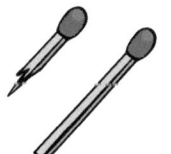

lyhyt / pitkä

קצר / ארוך

hidas / nopea

איטי / מהיר

märkä / kuiva

רטוב / יבש

lämmin / viileä

חם / קר

sota / rauha

מלחמה / שלום

numerot

מספרים

0

nolla

....

אפס

1

yksi

....

אחת

2

kaksi

....

שתיים

3

kolme

....

שלוש

4

neljä

....

ארבע

5

viisi

....

חמש

6

kuusi

....

שש

7

seitsemän

....

שבע

8

kahdeksan

....

שמונה

9

yhdeksän

....

תשע

10

kymmenen

....

עשר

11

yksitoista

....

אחת-עשרה

12
kaksitoista
שתים-עשרה

13
kolmetoista
שלוש-עשרה

14
neljätoista
ארבע-עשרה

15
viisitoista
חמש-עשרה

16
kuusitoista
שש-עשרה

17
seitsemäntoista
שבע-עשרה

18
kahdeksantoista
שמונה-עשרה

19
yhdeksäntoista
תשע-עשרה

20
kaksikymmentä
עשרים

100
sata
מאה

1.000
tuhat
אלף

1.000.000
miljoona
מיליון

kielet
שפות

englanti

אנגלית

amerikanenglanti

אנגלית אמריקאית

mandariinikiina

סינית מנדרינית

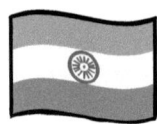

hindi

הודית

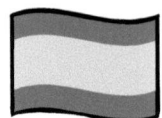

espanja

ספרדית

ranska

צרפתית

arabia

ערבית

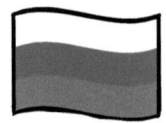

venäjä

רוסית

portugali

פורטוגזית

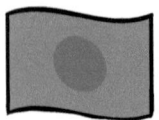

bengali

בנגלית

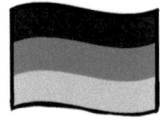

saksa

גרמנית

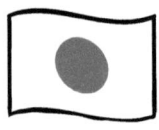

japani

יפנית

minä

אני

sinä

אתה / את

hän

הוא / היא / זה

me

אנחנו

te

אתם

he

הם

kuka?

מי?

mitä / mikä?

מה?

miten?

איך?

missä?

איפה?

milloin?

מתי?

nimi

שם

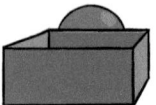

missä

איפה

takana

מאחור

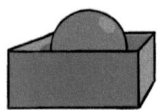

sisällä

בתוך

edessä

לפני

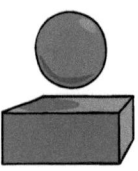

yläpuolella

מעל

päällä

על

alapuolella

מתחת

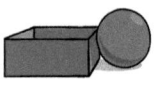

vieressä

ליד

välissä

בין

paikka

מקום